Novena
VIRGEN DEL CARMEN
Por Laila Pita

© Calli Casa Editorial, 2012
Yhacar Trust 2021

Todos los derechos registrados. Prohibida la reproducción total o parcial de esta obra en todo su contenido: texto, dibujos, ideas e ilustraciones de portada, sin autorización por escrito.

www.solonovenas.com
#2500-960

UN POCO DE HISTORIA

Nuestra Señora del Monte Carmelo, conocida principalmente como Virgen del Carmen. Dependiendo del lugar se le dan otros nombres como: Patrona del Criollismo, Alcaldesa de la Ciudad de Lima, La Estrella de los Mares, etc. Celebrada el 16 de julio, debido a que San Simón Stock presenció una aparición de la Virgen María parada en una nube, entregándole sus hábitos y un escapulario, a la vez que le dijo: a todos los que hayan vestido el escapulario durante toda su vida, el sábado siguiente a su muerte, serán llevados al cielo y liberados del purgatorio. Esto sucedió en el Monte Carmelo, en el que se fundó la Congregación de los Hermanos de Santa María del Monte Carmelo. La devoción se extendió a muchos países de Europa y América. Surgieron varias comunidades femeninas de religiosas carmelitas, también durante el siglo XVI, introdujeron profundas reformas en el seno de la Orden dando origen a "Los Carmelitas Descalzos" o de la "Antigua Observancia". Cada año se organizan procesiones y vistosas romerías marítimas portando su imagen.

MILAGRO

En invierno de 1896, una niña perdida en el monte lleno de precipicios y peligrosas hondonadas, era buscada día y noche por su familia. No pudieron encontrarla hasta después de dos días aproximadamente. Cuando la vieron, estaba tendida al amparo de un extraño saliente de la montaña junto a un precipicio. La creían muerta, pero para asombro de los presentes, la pequeña se levantó tranquila y sin daño alguno. Ella les contó: que escuchó que la llamaba una mujer hermosa quien la auxilió y le dijo que esperara. Días después que hicieron una misa para agradecer su salvación, la pequeña les señaló a la Virgen del Carmen como su protectora.

ORACIÓN DIARIA

Divina Estrella de los mares, para honrarte tus hijos entonan bellos cantares. Virgen del Carmen te ofrezco esta novena y me atrevo a pedir, me ayudes a recobrar la calma y volver a vivir. Se me han acumulado muchos problemas que no terminan y ruego con tu poder los pares. Para lograr la tranquilidad hago malabares. Te suplico Señora con humildad y sin exigir, conmigo tu caridad quieras compartir. Madre mía tus adoradores se dan por millares, venerándote en todos los lugares, porque sin duda tus bondades han de recibir.

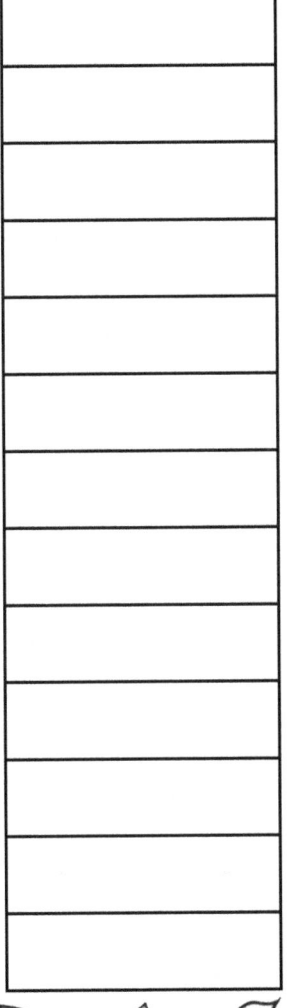

HAGA SU PETICIÓN

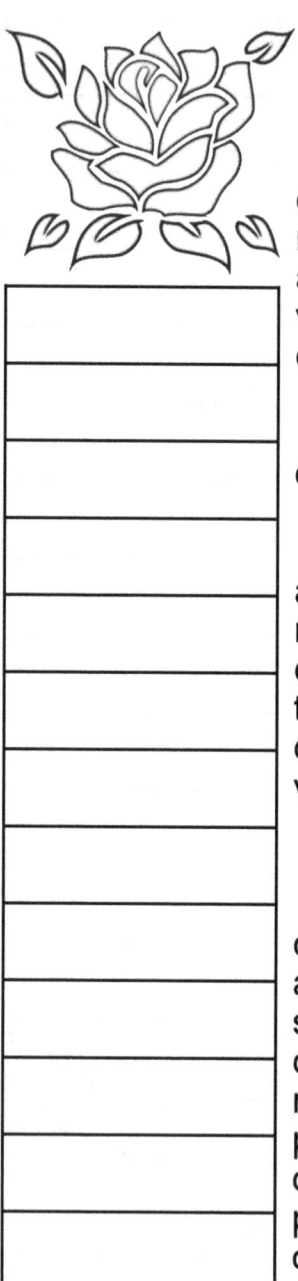

Aquí estoy hincado a tus pies. Con la luz de tus quinqués que no tienen comparación alumbra a este humilde feligrés que viene a hacerte esta petición.

Te ruego con todo mi corazón me concedas... (Se hace la petición)

Esto es un asunto de interés te suplico tu atención me des. Concédeme lo que te pido en esta ocasión y con tu divina protección me ayudes, para que seas tú siempre mi salvación.

Padre Nuestro, que estás en el cielo, santificado sea tu nombre; venga a nosotros tu reino; hágase tu voluntad, en la tierra como en el cielo. Danos hoy nuestro pan de cada día; perdona nuestras ofensas, como también nosotros perdonamos a los que nos ofenden; no nos dejes caer en la tentación, y líbranos del mal. Amén.

Dios te salve, María, llena eres de gracia, el Señor es contigo. Bendita tú eres entre todas las mujeres, y bendito es el fruto de tu vientre: Jesús. Santa María, Madre de Dios, ruega por nosotros, pecadores, ahora y en la hora de nuestra muerte. Amén

Gloria al Padre, al Hijo y al Espíritu Santo. Como era en el principio, ahora y siempre, por los siglos de los siglos. Amén.

DÍA PRIMERO

Madre de belleza sin igual, delicada como cristal. Para que nuestro Señor Jesucristo viniera tú fuiste la semilla. Tus múltiples obras son una maravilla. Madre protectora hoy te pido un favor personal, temo por mi seguridad en este mundo desigual. No soy feliz, mi vida se convirtió en pesadilla, me la paso llorando en tu capilla. ¡Oh! Señora vuelve tus ojos hacía mí y dame una señal, para regresar a la tranquilidad total. Madre Santa permíteme besar tu mejilla y volver a reír como campanilla.

Padre Nuestro, que estás en el cielo, santificado sea tu nombre; venga a nosotros tu reino; hágase tu voluntad, en la tierra como en el cielo. Danos hoy nuestro pan de cada día; perdona nuestras ofensas, como también nosotros

perdonamos a los que nos ofenden; no nos dejes caer en la tentación, y líbranos del mal. Amén.

Dios te salve, María, llena eres de gracia, el Señor es contigo. Bendita tú eres entre todas las mujeres, y bendito es el fruto de tu vientre: Jesús. Santa María, Madre de Dios, ruega por nosotros, pecadores, ahora y en la hora de nuestra muerte. Amén

Gloria al Padre, al Hijo y al Espíritu Santo. Como era en el principio, ahora y siempre, por los siglos de los siglos. Amén.

DÍA SEGUNDO

Amada Señora cálido rayo de sol, primoroso girasol. Amaste y protegiste a todos tus hijos, por igual les diste cobijos. Te ofrendo esta novena rogándote me saques de este perol. La enfermedad me quema como en crisol. Dame consuelo y alivios fijos. Me siento desesperado con tantos revoltijos. Confío en que a este mal tú darás control. Dulce Señora pon en mi herida tu alcohol, para aliviar mi dolor y descansar sin retortijos, ver llegar los regocijos. Quiero mirar tranquilo el arrebol y tus ojos tornasol.

Padre Nuestro, que estás en el cielo, santificado sea tu nombre; venga a nosotros tu reino; hágase tu voluntad, en la tierra como en el cielo. Danos hoy nuestro pan de cada día; perdona nuestras ofensas, como también nosotros

perdonamos a los que nos ofenden; no nos dejes caer en la tentación, y líbranos del mal. Améh.

Dios te salve, María, llena eres de gracia, el Señor es contigo. Bendita tú eres entre todas las mujeres, y bendito es el fruto de tu vientre: Jesús. Santa María, Madre de Dios, ruega por nosotros, pecadores, ahora y en la hora de nuestra muerte. Amén

Gloria al Padre, al Hijo y al Espíritu Santo. Como era en el principio, ahora y siempre, por los siglos de los siglos. Amén.

DÍA TERCERO

Hermoso lucero, luz de vida excelente, amas a toda la gente. Flor de donaire imperial, frescura recién cortada del rosal. Estoy aquí mirándote de frente, porque quiero ser como tú valiente. Con sencillez vengo a rogarte me des calma y valor para arreglar un pendiente. Necesito serenidad para evitar hacerlo mal. Es por eso que te pido este favor especial. Si he de enfrentarme ante el tribunal, permanezca tranquila y clara mi mente, para hacer un trabajo decente. Estrella celestial tu brillo es de luz natural.

Padre Nuestro, que estás en el cielo, santificado sea tu nombre; venga a nosotros tu reino; hágase tu voluntad, en la tierra como en el cielo. Danos hoy nuestro pan de cada día; perdona nuestras ofensas, como también nosotros

perdonamos a los que nos ofenden; no nos dejes caer en la tentación, y líbranos del mal. Amén.

Dios te salve, María, llena eres de gracia, el Señor es contigo. Bendita tú eres entre todas las mujeres, y bendito es el fruto de tu vientre: Jesús. Santa María, Madre de Dios, ruega por nosotros, pecadores, ahora y en la hora de nuestra muerte. Amén

Gloria al Padre, al Hijo y al Espíritu Santo. Como era en el principio, ahora y siempre, por los siglos de los siglos. Amén.

DÍA CUARTO

Querida Virgen del Carmen préstame tu pañuelo, porque hoy estoy de duelo, necesito Madre amada de tu amor, me des consuelo y valor, dame paz y fin a mi desvelo. Ayúdame Santa Señora a liberarme del flagelo. En nombre de Nuestro Señor Jesucristo haz que vuelva a mí rostro el color, no permitas que mi dolor sea mayor. Un ser amado ha emprendido el vuelo, yo te ruego acógelo en tu seno. Permíteme amada mía ofrecerte esta novena en tu honor y me inclino ante tu divino resplandor.

Padre Nuestro, que estás en el cielo, santificado sea tu nombre; venga a nosotros tu reino; hágase tu voluntad, en la tierra como en el cielo. Danos hoy nuestro pan de cada día; perdona nuestras ofensas, como también nosotros

perdonamos a los que nos ofenden; no nos dejes caer en la tentación, y líbranos del mal. Amén.

Dios te salve, María, llena eres de gracia, el Señor es contigo. Bendita tú eres entre todas las mujeres, y bendito es el fruto de tu vientre: Jesús. Santa María, Madre de Dios, ruega por nosotros, pecadores, ahora y en la hora de nuestra muerte. Amén

Gloria al Padre, al Hijo y al Espíritu Santo. Como era en el principio, ahora y siempre, por los siglos de los siglos. Amén.

DÍA QUINTO

Virgen Santa por ese amor que das a los que amas, presentando ante sus ojos bellos panoramas, apelo a tu bondadosa protección, rogando un poquito de atención. Señora del sol la pérdida de mi trabajo ha provocado dramas y mi casa parece arder en llamas. Temeroso está mi corazón, de no encontrar al problema solución. Envuélveme en esa paz que tu derramas, para liberarme de las flamas. Dame valor Señora divina para enfrentar la situación. Envíame una señal dulce Lucero del Mar, para entrar en acción.

Padre Nuestro, que estás en el cielo, santificado sea tu nombre; venga a nosotros tu reino; hágase tu voluntad, en la tierra como en el cielo. Danos hoy nuestro pan de cada día; perdona nuestras ofensas, como también nosotros perdonamos a los que nos ofenden; no nos dejes caer en la tentación, y líbranos del mal. Amén.

Dios te salve, María, llena eres de gracia, el Señor es contigo. Bendita tú eres entre todas las mujeres, y bendito es el fruto de tu vientre: Jesús. Santa María, Madre de Dios, ruega por nosotros, pecadores, ahora y en la hora de nuestra muerte. Amén

Gloria al Padre, al Hijo y al Espíritu Santo. Como era en el principio, ahora y siempre, por los siglos de los siglos. Amén.

DÍA SEXTO

Santa Madre de Dios de pureza virginal, la fe en ti será inmortal. Hay cosas que no han de volver y esto es muy difícil de entender. Aunque es una situación natural, provoca sufrimiento espiritual. Ha llegado el tiempo de romper y coser. Te suplico Virgen del Carmen escuches a este mortal, dame consuelo para aceptar mi posición actual. Es necesario sanar para ver un nuevo amanecer. Para lograrlo tu presencia es esencial. Alabada y bendita seas Estrella matinal.

Padre Nuestro, que estás en el cielo, santificado sea tu nombre; venga a nosotros tu reino; hágase tu voluntad, en la tierra como en el cielo. Danos hoy nuestro pan de cada día; perdona nuestras ofensas, como también nosotros perdonamos a los que nos ofenden; no nos dejes caer en la tentación, y líbranos del mal. Amén.

Dios te salve, María, llena eres de gracia, el Señor es contigo. Bendita tú eres entre todas las mujeres, y bendito es el fruto de tu vientre: Jesús. Santa María, Madre de Dios, ruega por nosotros, pecadores, ahora y en la hora de nuestra muerte. Amén

Gloria al Padre, al Hijo y al Espíritu Santo. Como era en el principio, ahora y siempre, por los siglos de los siglos. Amén.

DÍA SÉPTIMO

Virgen adorada de poder dimensional, Señora de aura de arco iris radial. Es para mí muy difícil la espera, la soledad se convierte en mi fiel compañera, se me hace larga y no veo el final. La ansiedad me controla y pierdo mi rutina habitual. Te pido Madre me des calma y la hagas ligera, ayúdame Virgen del Carmen y sé mi consejera. Dale paz a mi corazón hasta que cristalice en algo real. Bella mujer dame calma espiritual. Hermosa flor das vida a la primavera.

Padre Nuestro, que estás en el cielo, santificado sea tu nombre; venga a nosotros tu reino; hágase tu voluntad, en la tierra como en el cielo. Danos hoy nuestro pan de cada día; perdona nuestras ofensas, como también nosotros perdonamos a los que nos ofenden; no nos dejes caer en la tentación, y líbranos del mal. Amén.

Dios te salve, María, llena eres de gracia, el Señor es contigo. Bendita tú eres entre todas las mujeres, y bendito es el fruto de tu vientre: Jesús. Santa María, Madre de Dios, ruega por nosotros, pecadores, ahora y en la hora de nuestra muerte. Amén

Gloria al Padre, al Hijo y al Espíritu Santo. Como era en el principio, ahora y siempre, por los siglos de los siglos. Amén.

DÍA OCTAVO

Virgen pura y casta mi alma de ti sigue enamorada, deseo besar tu mano sagrada. No me dejes en el olvido, ahora que me siento perdido. Ármame de valor y calma para que en este viaje mi alma se sienta iluminada, a cada lugar que llegue encuentre posada. Protégeme adorada Madre del desconocido. Permite que esto se convierta en algo divertido. Cuídame Señora para que no me pase nada. Quiero sentir que junto a mí vas sentada. Escucha mis ruegos Mujer de hermoso vestido que yo siempre te he querido.

Padre Nuestro, que estás en el cielo, santificado sea tu nombre; venga a nosotros tu reino; hágase tu voluntad, en la tierra como en el cielo. Danos hoy nuestro pan de cada día; perdona nuestras ofensas, como también nosotros perdonamos a los que nos ofenden; no nos dejes caer en la tentación, y líbranos del mal. Amén.

Dios te salve, María, llena eres de gracia, el Señor es contigo. Bendita tú eres entre todas las mujeres, y bendito es el fruto de tu vientre: Jesús. Santa María, Madre de Dios, ruega por nosotros, pecadores, ahora y en la hora de nuestra muerte. Amén

Gloria al Padre, al Hijo y al Espíritu Santo. Como era en el principio, ahora y siempre, por los siglos de los siglos. Amén.

DÍA NOVENO

Bendito Lucero que alumbras por la mañana, bello rostro asomas por la ventana. Protégeme con tu espada bendita de enemigos poderosos. Te imploro me cuides Señora porque son peligrosos. De veneno han de sembrar la manzana, para hacer el mal con su mente insana. Te lo ruego con estos labios temblorosos que de tu ayuda están ansiosos. Hermosa rosa temprana ven a mí dulce guardiana. Utiliza tus métodos curiosos, evítame tener pensamientos pecaminosos. Déjame acurrucarme en tus brazos divina Soberana de mirada limpia y lozana.

Padre Nuestro, que estás en el cielo, santificado sea tu nombre; venga a nosotros tu reino; hágase tu voluntad, en la tierra como en el cielo. Danos hoy nuestro pan de cada día;

perdona nuestras ofensas, como también nosotros perdonamos a los que nos ofenden; no nos dejes caer en la tentación, y líbranos del mal. Amén.

Dios te salve, María, llena eres de gracia, el Señor es contigo. Bendita tú eres entre todas las mujeres, y bendito es el fruto de tu vientre: Jesús. Santa María, Madre de Dios, ruega por nosotros, pecadores, ahora y en la hora de nuestra muerte. Amén

Gloria al Padre, al Hijo y al Espíritu Santo. Como era en el principio, ahora y siempre, por los siglos de los siglos. Amén.

ORACIÓN FINAL

María por salvar a tu hijo tuviste que huir, su muerte tu corazón vino a herir. Con respeto ante ti me arrodillo, admirando tu tierno brillo. Te dedico esta novena que de mi corazón ha de fluir. Señora mía me aferro a tu tobillo, para que me protejas desde tu castillo, dándome paz para vivir. Permíteme tu bendición recibir. Virgen generosa cuida mi casa, mi cuerpo y mi bolsillo. Te prometo que siempre seré sencillo. Junto a ti divina Guerrera quiero el mal combatir y siempre a tu amor recurrir.

Padre Nuestro, que estás en el cielo, santificado sea tu nombre; venga a nosotros tu reino; hágase tu voluntad, en la tierra como en el cielo. Danos hoy nuestro pan de cada día; perdona nuestras ofensas, como también nosotros perdonamos a los que nos ofenden; no nos dejes caer en la tentación, y líbranos del mal. Amén.

Dios te salve, María, llena eres de gracia, el Señor es contigo. Bendita tú eres entre todas las mujeres, y bendito es el fruto de tu vientre: Jesús. Santa María, Madre de Dios, ruega por nosotros, pecadores, ahora y en la hora de nuestra muerte. Amén

Gloria al Padre, al Hijo y al Espíritu Santo. Como era en el principio, ahora y siempre, por los siglos de los siglos. Amén.

Papá Dios: que tu sabiduría nos guíe; que tu luz ilumine nuestro camino; que tu amor nos de paz; que tu poder nos proteja, y que por donde quiera que caminemos, tu presencia nos acompañe. Gracias Papá Dios que ya nos oíste. Amén.

www.ingramcontent.com/pod-product-compliance
Lightning Source LLC
Chambersburg PA
CBHW060326170426
42811CB00132B/332